# Το αστέρι της φιλίας

Σαββάλας
ΕΚΔΟΣΕΙΣ

«Ε, τι κάνετε εσείς εδώ;» ρώτησε το ποντικάκι.
«Περιμένουμε να πέσει εκείνο το αστέρι» απάντησε το σκαντζοχοιράκι, δείχνοντας ψηλά.
«Α, τι καλά! Μπορούμε να περιμένουμε κι εμείς μαζί σας;»

Το αρκουδάκι και το σκαντζοχοιράκι δε μίλησαν. Παραμέρισαν μόνο για να τους κάνουν χώρο.

Τα τέσσερα ζωάκια κάθισαν το ένα δίπλα στο άλλο και περίμεναν.

Ένας σκίουρος, που άκουσε την κουβέντα, φώναξε στους τέσσερις φίλους: «Μη χάνετε άδικα τον καιρό σας. Μπορώ να το ρίξω εγώ, αν θέλετε».
Και χωρίς να περιμένει απάντηση, έκανε να κόψει το τελευταίο φύλλο με το χέρι του...

«ΟΧΙ, ΟΧΙ!» φώναξαν το αρκουδάκι, το σκαντζοχοιράκι, το ποντικάκι...

...μόνο το κουνελάκι δεν είπε τίποτα, γιατί ήταν πολύ ντροπαλό.

«Μη, μη ρίξεις το αστέρι!» φώναξε στο σκίουρο το αρκουδάκι. «Αν το ρίξεις, θα χάσει τη μαγική του δύναμη».

Το σκιουράκι έκανε πίσω.

«Αστέρι; Μαγική δύναμη;»
επανέλαβε με απορία.
«Ναι, αν το ρίξεις, θα τη χάσει!»

Ο σκίουρος κοίταξε το φύλλο προσεκτικά.
«Μπα, κάτι δεν πάει καλά» σκέφτηκε.
«Από πότε τα φύλλα έγιναν αστέρια που
έχουν μάλιστα και μαγική δύναμη;»

Όταν κατάλαβε τι συμβαίνει, μια ιδέα του ήρθε στο μυαλό. Κατέβηκε σαν άνεμος από το δέντρο και άρχισε να ψαχουλεύει σ' ένα σωρό από πεσμένα φύλλα.

«Μα τι κάνει;» ρώτησε το αρκουδάκι.

«Δεν μπορώ να δω» είπε το ποντικάκι. «Είμαι τόσο μικρός!»

Το αρκουδάκι, για πρώτη φορά, έσκασε ένα χαμόγελο.

«Έλα, ανέβα στον ώμο μου, αν θέλεις».

Το ποντικάκι ξαφνιάστηκε.

«Οοο! Σ' ευχαριστώ πολύ» είπε.

Στο μεταξύ, ο μικρός σκίουρος, χωρίς κανένας να τον καταλάβει, σκαρφάλωσε πάλι στο δέντρο. Κάθισε σε ένα κλαδί, κρατώντας ένα φύλλο στο χέρι, και...

...το άφησε να πέσει απαλά.

Βλέποντας το φύλλο να πέφτει, το αρκουδάκι έβαλε τις φωνές, το σκαντζοχοιράκι πετάχτηκε σαν ελατήριο και το ποντικάκι τσίριξε...

«Πρέπει να πιάσουμε το αστέρι!» φώναξε με αγωνία το αρκουδάκι.

*«Πρέπει να πιάσουμε τη μαγεία!»*

Το φύλλο όμως έκανε μερικές πιρουέτες στον αέρα και μετά εξαφανίστηκε.
Το σκιουράκι ξεκαρδίστηκε με τη φάρσα που σκάρωσε στα ζώα. Έτσι, το κλαδί όπου καθόταν τραντάχτηκε από τα γέλια του κι ένα τρίξιμο ακούστηκε...

Όλοι κοίταξαν πάνω.
«Νάτο εκεί, εκεί είναι!»
φώναξε το σκιουράκι
και έδειξε από ψηλά.

Το αρκουδάκι κοίταξε πίσω του,
όμως το φύλλο δεν ήταν εκεί.

Το ποντικάκι και το κουνελάκι κοίταξαν
κι εκείνα πίσω τους, το φύλλο όμως
δεν ήταν εκεί.

Κοίταξε πίσω του και το σκαντζοχοιράκι,
αλλά φύλλο δεν είδε πουθενά.

Ξαφνικά το κουνελάκι και το αρκουδάκι ξέσπασαν σε χαχανητά.
«Το φύλλο δεν είναι πίσω σου!» φώναξαν στο σκαντζοχοιράκι.

*«Είναι... πάνω σου!»*

Όμως το αρκουδάκι ξέσπασε σε κλάματα.
«Τι συμβαίνει;» ρώτησαν ξαφνιασμένα
τα ζωάκια.

«Πάει, η μαγεία... και την είχα τόσο ανάγκη» είπε το αρκουδάκι κλαίγοντας.
«Δεν καταλαβαίνω» παραδέχτηκε το ποντικάκι.
«Να... Όταν πέφτει ένα αστέρι, όλοι κάνουν μια ευχή. Κι εγώ ήθελα το τελευταίο αστέρι του φθινοπώρου να μου χαρίσει ένα *φίλο*, να μ' αγαπά και να παίζουμε μαζί!»

«Αυτό είναι όλο; Μη ζητάς φίλους από τ' αστέρια!» είπε το σκαντζοχοιράκι.

«Οι φίλοι είναι δίπλα μας!» φώναξε το σκιουράκι.

«Ο φίλος είναι χαμόγελο, είναι αγκαλιά» πρόσθεσε με νόημα το ποντικάκι.

***«Φίλοι είμαστε... όλοι εμείς μαζί!»*** φώναξαν ενθουσιασμένα όλα τα ζωάκια και έτρεξαν να αγκαλιάσουν τρυφερά το αρκουδάκι.

Από τότε το αρκουδάκι, το σκαντζοχοιράκι, το σκιουράκι, το κουνελάκι και το ποντικάκι έγιναν αχώριστοι. Κάθε μέρα οι πέντε φίλοι έπαιζαν μαζί.

Κάθε μέρα απολάμβαναν

τη *μαγεία της φιλίας*.

# Προτάσεις για γονείς και εκπαιδευτικούς

- Παρατηρήστε με τα παιδιά το εξώφυλλο του βιβλίου, διαβάστε τον τίτλο και ρωτήστε τα αν έχουν κάποια ιδέα για το θέμα της ιστορίας. Αρχίστε την ανάγνωση, επιμένοντας στην εικονογράφηση, και συζητήστε, καθώς διαβάζετε, τη σημασία των λέξεων: *παραμερίζω* (= τραβιέμαι στην άκρη), *φάρσα* (= ένα αστείο που γίνεται σε βάρος κάποιου για να γελάσουν οι άλλοι), *σκαρώνω* (= επινοώ, σχεδιάζω, πετυχαίνω κάτι σε βάρος κάποιου), *πανοπλία* (= όλα τα όπλα του πολεμιστή, η αρματωσιά), *χαχανητά* (= δυνατά γέλια).
- Αφού τελειώσετε την ανάγνωση, κάνετε ερωτήσεις στα παιδιά προκειμένου να διαπιστώσετε το βαθμό κατανόησης του κειμένου. Ενδεικτικά: Γιατί περίμενε κάτω από το δέντρο το αρκουδάκι; Τι πίστευε για το φθινοπωρινό φύλλο; Γιατί δεν ήθελε να το κόψει ο σκίουρος; Ποια μαγική δύναμη πίστευε ότι έχει το «αστέρι»; Ποια ευχή του προσδοκούσε να πραγματοποιήσει; Γιατί; Ποια ήταν η φάρσα που σκάρωσε το σκιουράκι στα ζώα; Γιατί άραγε το έκανε; Τελικά ήταν το αστέρι που πραγματοποίησε την ευχή ή... κάτι άλλο; Πώς συνέβη αυτό;
- Το αρκουδάκι πίστευε ότι το φύλλο είναι ένα πεφταστέρι. Έχουν δει τα παιδιά πεφταστέρια, ξέρουν τι ακριβώς είναι και τι πιστεύει ο λαός μας γι' αυτά; (Το πεφταστέρι ή πεφτάστερο ή πεφτάστρι δεν είναι τίποτε άλλο παρά κομμάτι ύλης που αποκόπηκε από κάποιο ουράνιο σώμα, έναν κομήτη, λόγου χάρη, και αναφλέγεται, λόγω της τριβής, κατά την είσοδό του στην ατμόσφαιρα της Γης. Αυτή η ανάφλεξη κάνει το κομμάτι αυτό της ύλης να φαίνεται σαν αστέρι που πέφτει, σαν διάττων αστέρας. Ο λαός μας πιστεύει πως αν κάποιος κάνει μια ευχή την ώρα που το βλέπει να πέφτει, αυτή θα πραγματοποιηθεί.)
- Τα φύλλα των δέντρων έχουν διάφορα σχήματα. Εκείνα, μάλιστα, των φυλλοβόλων παίρνουν κάθε εποχή και άλλο χρώμα, ώσπου πέφτουν. Τα παιδιά ξέρουν γιατί συμβαίνει αυτό; Συζητήστε για την αλλαγή των εποχών καθώς και το λόγο για τον οποίο τα δέντρα ρίχνουν τα φύλλα τους. Τι γίνονται τα φύλλα όταν πέφτουν; Μήπως ξαναγυρίζουν στο δέντρο... κάπως αλλιώς; (Γίνονται φυσικό λίπασμα που τρέφει το δέντρο και βγάζει καινούρια φύλλα, τρέφουν πολλές μορφές ζωής που βρίσκονται στο χώμα και κάτω από αυτό κ.λπ.)

- Το φύλλο της ιστορίας έμοιαζε με αστέρι. Ποια άλλα φυσικά σχήματα μοιάζουν με αστέρια; Τα παιδιά μπορούν να αναφέρουν διάφορα λουλούδια (το γιασεμί, τη μαργαρίτα, το λίλιουμ, το Αλεξανδρινό που ονομάζεται και «αστέρι των Χριστουγέννων»), τον αστερία της θάλασσας, τη σχηματοποιημένη νιφάδα του χιονιού κ.ά. Η λέξη αστέρι χρησιμοποιείται και αλληγορικά. Λέμε: *Είσαι αστέρι!* (= πανέξυπνος) / *Έχει αστέρι!* (= για τον άνθρωπο με μεγάλη λάμψη και επιτυχία) / *Ξενοδοχείο 5 αστέρων!* (= για τη βαθμολόγηση ξενοδοχείων). Ξέρουν τη μεταφορική σημασία των φράσεων αυτών; Μπορούν, επίσης, να βρουν παράγωγες ή σύνθετες λέξεις, όπως αστερισμός, αστεροσκοπείο, αστροναύτης, ξαστεριά, αστρολογία, αστροφεγγιά, αστρονομία κ.ά.
- Ο σκίουρος κατέβηκε από το δέντρο «σαν άνεμος». Πώς αλλιώς λέμε για κάποιον που τρέχει γρήγορα; (Τρέχει σαν βολίδα, σαν σφαίρα, σαν αστραπή, σαν λαγός κ.ά.) Αντίθετα, πώς λέμε για κάποιον που βαδίζει αργά; (Περπατάει σαν χελώνα, σαν κότα, σαν πάπια κ.ά.)
- Στο τέλος της ιστορίας τα ζωάκια «Κάθε μέρα απολάμβαναν τη μαγεία της φιλίας». Η φιλία είναι αξία για τη ζωή μας. Πώς καταλαβαίνουν τα παιδιά τις φράσεις των ζώων: «Μη ζητάς φίλους από τ' αστέρια!» «Οι φίλοι είναι δίπλα μας!» «Ο φίλος είναι χαμόγελο, είναι αγκαλιά» «Φίλοι είμαστε... όλοι εμείς μαζί!». Τι εννοούν; Ποια σημεία της ιστορίας ενισχύουν αυτή την άποψη; Δώστε τους βήμα να μιλήσουν για τους φίλους τους και για τα παιχνίδια που παίζουν μαζί.
- Η φιλία εμπεριέχει την αγάπη. Πώς εννοούν τα παιδιά την αξία αυτή; Ενθαρρύνετέ τα να συμπληρώσουν τη φράση «Αγάπη είναι...».
- Βοηθήστε τα, τέλος, να φτιάξουν σε κάρτα ένα αστέρι από φύλλα που θα μαζέψουν, βάλτε για τίτλο «Το αστέρι της φιλίας» και προτρέψτε τα να τη χαρίσουν στον καλύτερό τους φίλο.

Εκδόσεις Σαββάλας
*Το αστέρι της φιλίας*
Εικονογράφηση: Daniel Howarth
Επιμέλεια: Αγγελική Χαιρέτη
Ηλεκτρ. σελιδοποίηση: Ειρήνη Λυραντζή

Ζ. Πηγής 18, 1068, Αθήνα Τηλ.: 210 3301251

Printed in China


Η Γιολάντα Τσορώνη- Γεωργιάδη είναι πτυχιούχος της Νομικής Σχολής, της Παιδαγωγικής Ακαδημίας και του Παιδαγωγικού Τμήματος του Πανεπιστημίου Αθηνών και έχει μετεκπαιδευτεί στο Μαράσλειο Διδασκαλείο. Εργάζεται στη δημόσια εκπαίδευση, αρθογραφεί σε παιδαγωγικά περιοδικά, είναι ενεργό μέλος της Γυναικείας Λογοτεχνικής Συντροφιάς και έχει εκδώσει βιβλία για παιδιά και μελέτες λαογραφικού περιεχομένου.